Kite
Kè m Pale

Jacques Pierre

Torchflame Books
An imprint of Light Messages

Copyright © 2016, by Jacques Pierre
Kite kè m pale
Jacques Pierre
jacquespie@gmail.com

Published 2016, by Torchflame Books
    an Imprint of Light Messages
www.lightmessages.com
Durham, NC 27713 USA
SAN: 920-9298

Paperback ISBN: 978-1-61153-207-4
Ebook ISBN: 978-1-61153-210-4

Lis powèm yo

Temwayaj

Jacques Pierre is a remarkable thinker and teacher at the center of a movement that is improving our understanding and teaching of Haitian Creole. Bringing together his skills as a translator, linguist, and an instructor who is deeply devoted to his students, he is able to transmit his deep and rich knowledge of the language to a wide range of audiences. Through his work, Haitian Creole is better known and understood. He is showing us the way forward to a context in which the language will be fully embraced and integrated into law, politics, and education in Haiti, as it needs to be. Congratulations on your new book of poems!

Dr. Laurent Dubois
Director of the Forum for Scholars & Publics
Duke University

M ap salye travay Sanba Lengwis Edikatè Jacques Pierre. Jacques gen plis pase 15 lane depi l ap mete men nan konbit pou lang kreyòl la rive jwe wòl li kòm siman nan fondasyon sosyete nou an. Se sa Atik 5 Konstitisyon 1987 la di: "kreyòl se sèl lang ki simante tout pèp ayisyen an". Sanba Jacques toujou ap denonse divizyon lengwistik k ap minen sosyete a antan l ap plede pou bon jan pwogram pou ansèyman lang pou ayisyen ka vin maton nan plizyè lang. Li fè kanpay pou sa nan jounal, kit se an kreyòl, kit se an franse, kit se ann angle.

Liv pwezi Jacques yo se yon lòt zouti k ap fè kanpay pou lang kreyòl nou an vanse. Powèm sa yo montre bèlte lang lan: yon lang ki ka sèvi nan tout domenn kominikasyon, soti nan pwezi, pase nan administrasyon ak lajistis, pou rive nan syans ak matematik.

Epi tou, Jacques fè plizyè bèl videyo ke li mete sou YouTube pou li pataje bèlte lang kreyòl la lajman laj. Videyo sa yo k ap fè pwomosyon lang nou an montre volonte ak angouman Jacques pou li ede etidyan ki nan Duke University, University North Carolina, University of Virginia, Vanderbilt University, aprann lang lan. Kat inivèsite sa yo mete tèt yo ansanm pou yo ofri plizyè nivo ansèyman lang lan chak semès. M ap mete chapo m byen ba devan Jacques pou jan etidyan li yo pale kreyòl la fen.

M espere ke yon jou Sanba Jacques ava pataje teknik ansèyman li yo avèk anpil anseyan tou patou nan lemonn pou li fè konbit la rive pi lwen toujou. Se lemonn antye ki dwe aprann apresye bèl pwezi ki nan lang kreyòl la, pou lang kreyòl la rive nan menm nivo prestij ak lòt lang entènasyonal yo. Powèm Jacques yo pral ede rèv sa a tounen yon reyalite.

Nou akeyi nouvo liv pwezi Jacques la tankou tè sèk ki t ap tann lapli, e nou di Sanba a yon chay mèsi.

Dr. Michel DeGraff
Akademisyen, Akademi Kreyòl Ayisyen
Depatman Lengwistik & Filozofi
Massachusetts Institute of Technology

L'invention du créole et la naissance de la nation haïtienne sont inséparables. L'un contient l'autre: nos savoirs, nos pensées, nos archives, le sens du monde d'hier, d'aujourd'hui et de demain, tout ce que nous sommes et pouvons être s'y trouve encapsulé. Jacques Pierre, en découvrant et aidant à apprécier la beauté et les particularités de notre parler, infuse plus de robustesse et de santé à notre nation et contribue à protéger son lendemain.

Dr. Jean Casimir
Ancien ambassadeur d'Haïti à Washington
Université d'État d'Haïti

Jacques Pierre is both a leading Haitian Kreyòl language educator in the United States and a tireless advocate for the advancement of literacy in Haiti. Through his years spent teaching at Florida International University, including in the longstanding Haitian Summer Institute, and now at Duke University, he has introduced hundreds of students to Haitian language, literature, and culture. It is exciting to see the ways in which Professor Pierre and his colleagues have been extending the reach of this instruction over the past few years—through summer programs in Haiti, partnerships with other universities, and innovative videos accessible to everyone on the internet. On the occasion of the publication of this new book of poems, it is a pleasure to have the chance to congratulate him on all of these other extremely significant accomplishments as well.

Dr. Kate Ramsey
University of Miami, Miami, Florida

M ap wete chapo m byen ba pou m salye travay Jacques Pierre ap fè pou fè lang nou ak kilti nou rive pi lwen. Depi nan lane 2000 konpatriyòt nou Jacques Pierre ap travay nan domèn sa. Premye kokenchenn travay li se te edite *Haitian Creole-English Bilingual Dictionary* ki te soti nan lane 2007 nan *Creole Institute* (Indiana University). Apre sa, Jacques pral ateri nan Florida International University nan lane 2009 kote li kontinye anseye lang nou ak kilti nou, epi reskonsab Haitian Summer Institute, yon pwogram entansif kote anpil etidyan ki soti tout kote sou latè vin aprann kreyòl ayisyen an. Nan lane 2010, Jacques pral kontinye vanse koz kreyòl la nan Duke University (Haiti Lab). Nan twa dènye lane yo, kanmarad Jacques Pierre fè tande vwa l anpil gras ak videyo, editoryal ann angle, kreyòl, ak franse li ekri pou mande pou bay lang lan plas li merite nan sosyete a. M swete pou Jacques kontinye kokennchenn travay l ap fè a paske nou tout apresye travay li, e se toujou ak anpil lajwa m toujou pare pou m li swa yon editoryal, swa gade yon videyo Jacques mete deyò.

Nan liv pwezi sa a menm, Jacques yon lòt fwa ankò demontre nou ki jan lang nou an se yon melanj chelèn ak marabou ki pare pou tout kalite travay nou vle fè ak li. Ayibobo pou Jacques Pierre!

Dr. Marc Prou
University of Massachusetts Boston

———≋———

Jacques Pierre a réussi depuis son arrivée à Duke en 2010 à souder ensemble les couches linguistiques et culturelles des études haïtiennes. Linguiste, lexicographe et traducteur de formation, il possède une connaissance fine et approfondie de tout ce qui a à voir avec l'Expression en Haïti.

Jacques Pierre contribue à l'actualité journalistique en Haïti et la diaspora haïtienne de façon dynamique et judicieuse. Ses opinions parues dans plusieurs journaux *The Miami Herald, The News&Observer, The Herald Sun, The Haitian Times, Alterpresse, Le Nouvelliste, Potomitan, Haïti en Marche, France-Antilles Guadeloupe*, et autres aident à affronter, sans pertes, les divisions de l'opinion politique et linguistique.

Traducteur de l'anglais et du français en kreyòl, c'est Jacques Pierre qui nous a légué une version kreyòl de l'acte de l'indépendance d'Haïti parue dans *The Journal of Haitian Studies*. Avec le linguiste Ben Hebblethwaite, il a publié d'autres traductions distinguées, y compris *Une Saison en enfer* d'Arthur Rimbaud en kreyòl. Il nous aide ainsi à traduire de la tradition "occidentale" à la conscience millénaire haïtienne, et à sonder des lieux communs, dans le bons sens—des profondeurs de curiosités partagées—de poétiques créolophones, françaises, francophones, anglophones, elatriye.

A Duke, Jacques Pierre a crée un module de quatres cours de kreyòl dans le département de "Romance Studies." Il a élaboré aussi un cours de "distance learning/d'étude à distance" de kreyòl entre Duke, l'université de Virginie, et Vanderbilt.

N'oublions pas le legs littéraire de Jacques Pierre: l'auteur d'*Omega*, un recueil rempli d'imagination et de rythme, ce poète continue à forger un discours créatif propre à sa chère patrie, Haïti.

Dr. Deborah Jenson
Co-Director of the Haiti Lab
Director of Franklin Humanities Institute
Duke University

Using the rising field of translation studies as a particularly effective means of analysis, Professor Jacques Pierre has shown tremendous perseverance and insight not just in diagnosing the detrimental effects of a specific language power system in the Haitian context, but also in offering the means to overcome these effects. His promotion of Haitian Creole and culture as the key to change is the foundation of his commitment to education – not only in Haiti, but also in the U.S. where he works. In demonstrating the importance and potential of Haitian Creole through his tireless efforts, including language teaching, the translation of critical historical documents, exploring the aesthetic qualities of Haitian Creole in his own poetry and lecturing on the language and culture, Professor. Pierre continues to build on his invaluable contributions to Haiti. Hats off to your work!

Dr. Carolyn Shread
Mount Holyoke College

Jacques Pierre sait donner au créole haïtien ses lettres de noblesse partout où elles peuvent favoriser la visibilité et lisibilité de cette langue de l'histoire coloniale; langue dont les locuteurs sont encore demandeurs de leur reconnaissance sociale, qu'ils recherchent avant tout dans l'accueil réservé à leur langue maternelle créole.

Son engagement pour l'utilisation du créole dans toutes les sphères administratives de son pays (un combat sans relâche), nous en dit long sur sa détermination à contribuer à l'estime de soi qui s'inscrit dans la libre expression des identités linguistique et culturelle des Haïtiens.

Jacques Pierre, qu'il soit sur le terrain de la politique dans son pays, de l'éducation aux Etats-Unis ou de l'art dans ses recueils de poèmes, ne perd jamais de vue que parler une langue, écrire une langue, enseigner une langue, c'est avant tout parler de l'histoire d'un peuple, écrire une vision du monde et transmettre des valeurs culturelles à hauteur d'Homme.

Lorsque sa poésie se fait porte-parole d'Haïti c'est pour mieux nous faire découvrir la langue créole dans toutes ses facettes où l'amour, l'histoire, la gastronomie, la foi se mélangent au parfum de la poésie.

Ce deuxième recueil de poèmes de Jacques Pierre promet de servir de lien entre tous les créolophones qui œuvrent pour la reconnaissance des langues et cultures créoles de par le monde.

Il est question d'assumer notre co-responsabilité dans la pratique de la tolérance linguistique qui conditionne le vivre ensemble que le monde entier appelle de ses vœux pour la coexistence pacifique des peuples.

Paulette Durizot Jno-Baptiste
Docteur en anthropologie de l'éducation
Université des Antilles et de la Guyane

───── ❧ ─────

Lang nou ak kilti nou se rezilta kreyativite nou ki pran nanm nan lavi chak kretyen vivan. Se sa potorik otè Jacques Pierre fè nan rekèy sa a. Pierre marinen lang nou ak kilti nou ansanm pou ofri nou yon konsonmen kreyativite ki se temwayaj richès kiltirèl ak lengwistik Ayiti cheri nou an. M ap salye kouraj ak detèminasyon Jacques Pierre nan travay l ap fè pou bay kreyòl la plis viziblite tout kote li pase. Soti nan atik tonbe nan videyo, Pierre pote lang kreyòl la nan salon ak nan chanm nou tout. Jodi a, se ak kè kontan n ap resevwa nouvo liv li a.

Chapo ba pou ou Jacques!

Marky Jean-Pierre, PhD, EdD.
Tulane University
Akademisyen, Akademi Kreyòl Ayisyen

───── ❧ ─────

Bouillonnant d'idées neuves, rude travailleur, fin connaisseur de la culture et de la langue créole haïtienne, Jacques Pierre est incontestablement l'un des représentants les plus compétents de la nouvelle génération des jeunes « scholars » haïtiens établis à l'étranger.

Enseignant à Duke University où il a introduit de nouvelles méthodologies dans l'enseignement de la culture et de la langue créole haïtienne, Jacques Pierre écrit aussi dans les médias américains *The Miami Herald*, les blogs internationaux *Potomitan*, les quotidiens haïtiens et hebdomadaires haïtiano-américains *Le Nouvelliste*, *The Haitian Times* pour corriger les fausses perceptions ou les contre-vérités que certains professent encore à l'égard de la langue créole haïtienne. Traducteur et linguiste de formation, il est aussi lexicographe et a été assistant éditeur pour la réalisation de l'ouvrage Haitian Creole-English Bilingual Dictionary (2007). L'un de ses textes les plus remarquables reste pour moi l'article intitulé « Lafrans ak Ayiti: Pwoblèm memwa marande ak edikasyon kolonyal » qu'il a publié sur Potomitan à l'occasion des remous provoqués par le passage du président français François Hollande en Haïti en mai 2015.

Jacques Pierre est aussi un créateur littéraire qui a déjà publié un magnifique recueil de poèmes entièrement rédigé en créole et intitulé *Omega* (2012). Ce recueil a occupé pendant un certain temps la première place sur la liste des best-sellers d'Amazon (Section: Carribeean and Latin American Poetry).

Dr. Hugues Saint-Fort
Linguiste
Kingsborough Community College

Jacques Pierre se yonn nan kreyolis nan jenerasyon li an k ap batay depi byen lontan pou moun sispann gade lang kreyòl la dwòl. Jacques pa janm pè di sa li panse sou zafè diskriminasyon lengwistik ki egziste ann Ayiti. Li toujou ap mande otorite nou yo pou yo itilize lang kreyòl la nan tout domèn ann Ayiti pou tout pitit Ayiti Toma jwenn sèvis alawonnbadè. Bon jan travay l ap fè nan Duke University espesyalman nan Haiti Lab pwouve misyon li se mennen lang kreyòl la, ki se idantite nou tout ayisyen, lwen. Atravè liv pwezi, atik, ak videyo li mete deyò deja, Jacques envite nou chak nan domèn pa nou pou itilize lang lan pou nou pale sou koze lasyans tou. Rekèy powèm sa a se yon envitasyon otè a fè nou tout pou nou dekouvri bèlte lang nou an. Nan chak grenn mo, otè a plonje kè nou nan lanmè Karayib la, kote vag yo fè nanm nou tonbe nan yon ale vini jouk kouran lanmou an rale nou pou nou fè yonn ak powèm yo.

Dr. Wedsly Turenne Guerrier
Bronx Community College (CUNY)

Mèsi

M ap di tout moun ki te achte premye liv pwezi mwen an *Omega* yon gwo mèsi. Bèl pawòl ankourajman melanje ak kritik, koumantè nou te fè sou premye liv la, te ban m fòs ak enspirasyon pou m te ekri dezyèm liv pwezi sa a ki rele *Kite kè m pale*. M swete nou chak va jwenn yon powèm, yon pawòl ki montre nou tout nou se otè liv sa a tou.

Pou dezyèm liv pwezi sa a *Kite kè m pale*, m te panche zòrèy mwen plis anba bouch medam yo pou m konprann lavi yo pi byen. Sila yo k ap leve de twa timoun papa yo refize pran reskonsablite yo, sila yo k ap viv ak yon mari ki manke ba yo atansyon, sila yo ki pa janm marye swa paske se volonte yo, swa paske yo pa janm jwenn yon moun ki kadre ak rèv yo. Kon sa, m te sèvi ak pawòl sa yo pou m fè nou tande vwa diferan medam sa yo ki benyen nan lanmou, kontantman, epi kèk moman tristès tou.

Eleman kle m te jwenn kay tout medam sa yo se fòs kouraj yo, pasyans yo, sans reskonsablite yo, kè yo gen pou yo padone, epi volonte yo gen pou yo kreye lavi, menm lè lavi a difisil pou yo nan yon sosyete ki renka toujou pou rekonnèt valè yo.

Nan menm sans sa a, sa pa te anpeche m tande vwa mesye yo ki gen soufrans pa yo tou, e ki fè ti plenyen sou move trètman yo sibi nan men kèk medam tou. Tankou Coupe Cloué di li a: "antann pou nou antann nou". *Kite kè m pale* se yon liv pwezi k ap fè nou sezi wè jan lavi ka bèl lè gason ak fi chita lanmou yo sou yon fondayon konbit, kote respè yonn pou lòt blayi.

Nan *Kite kè m pale*, w ap jwenn diferan powèm ki salye travay ak kouraj de twa poto mitan ki pa te janm bouke batay kont lenjistis yon kategori moun ap sibi. Nan sans sa a, m koube m byen ba douvan nanm potorik moun sa yo: Nelson Mandela, Martin Luther King Jr, Mahatma Gandhi, Mère Teresa (Agnes Gonxha Bojaxhiu), Anténor Firmin, elatriye….

Nan premye liv pwezi mwen an, m te wete chapo m byen ba douvan fòs rezistans ak kouraj anpil nan ewo ayisyen nou yo nan diferan domèn. Kon sa, m ap envite chak grenn sanba k ap ekri oswa chante, pou yo pa bliye salye memwa lòt vanyan ki nan tout rakwen latè beni.

Yon bèl kout kòn lanbi pou tout etidyan ki te montre bon jan enterè yo gen nan aprann kreyòl, swa antan yo te chita nan menm sal klas ak mwen, swa a distans nan diferan inivèsite sa yo: Duke University, University of North Carolina, University of Virginia, Vanderbilt University, Florida International University, Indiana University, elatriye

Salem Alecha pou tout elèv nan *Collège des Sœurs de la charité de Saint Louis de Bourdon* ki te suiv kou kreyòl mwen yo! Yon gwo kout chapo pou Dr. Bosny Pierre Louis ki renmèt mwen kle langaj bolit la pou m sa taye banda ladan. Yon bèl kout kata pou Mm. Gladys Emile ki bobinen m nan langaj jagon an.

Ochan pou tout moun k ap travay pou fè kreyòl la rive jwenn plas li tout bon vre nan sosyete nou an. Antan n ap fè sa, an nou travay men nan men pou nou mete bon jan pwogram lang sou pye, pou jenerasyon ayisyen k ap grandi a rive pale 2 oswa 3 lang fen. Kon sa, y ap vin pi konpetitif sou mache travay entènasyonal la.

M ap salye kolèg mwen yo nan Haiti Lab (Laurent Dubois, Deborah Jenson) ki te kreye sant sa a pou bay Ayiti plis viziblite nan vitrin akademik Etazini an. E pou lòt kolèg ki afilye ak Haiti Lab ansanm ak tout moun k ap ede pèp ayisyen an ak diyite, m di yo mèsi nan non konpatriyòt mwen yo. Pou dyaspora ayisyen an ki se motè ekonomik peyi a, yon bèl kout djouba pou nou.

M pa ka pa salye manm fanmi mwen ki te travay anpil pou fè m sa m ye jodi a (Précieuse Magloire, Irène César, Dieuseul Jean-Baptiste Pierre, Darnèle Ramonde César, Ulna Pierre, Clodius César). Chapo ba pou nou tout! Pèmèt mwen salye de twa zanmi (Eddy Raymond, Rousseau Charles, Lucien Voltaire) m te grandi ak yo, e ki toujou sipòte travay mwen. E pou tout moun mwen vin devlope yon zanmitay ak yo nan 20 dènye ane yo, non nou tout nan kè m.

Pou fini, yon dekalyon salitasyon pou Jane M. Guffey-Pierre ki pa janm bouke sipòte travay mwen, e ki toujou la pou ede m nan tout moman lanvè ak landwat mwen yo. Liv powèm sa a *Kite kè m pale* se pou wou tou.

Prefas

Se ak kè kontan m asepte fè yon rale sou rekèy powèm sa a jan sanba Jacques Pierre te mande mwen an. Ak rale sa a, mwen ban nou tout lese pase pou nou pwofonde travay sanba a ki pran sous li nan lang kreyòl la ki se nanm tout ayisyen.

Soti nan *Batman kè m* rive nan *Desepsyon,* sanba a envite nou pwomennen nan yon jaden pwezi kote bòn li ak lizyè li ateri sou yon chimen womantik ak patriyotik kote dekou pa gen plas li. Travay sa a se yon zouti an plis nan pwosesis enstrimantalizasyon lang kreyòl ayisyen an k ap fè chimen l.

Nan yon powèm ki rele *Desizyon,* sanba Jacques Pierre fè nou viv yon atansyon san fay yon papa bay pitit fi li, epi kontantman ki anvayi kè papa a lè pitit fi li prezante l moun kè l bat pou li a. Men kèk vè nan powèm nan ki rete fotografye nan memwa mwen;

> "Chak ane ki file bèlte w kontinye ap boujonnen
> m tounen sòlda pou zòt pa pase kè w nan tenten
> rèv mwen se wè w madanm anvan m granmoun
> lè verite a resi rive pou kè w bat pou yon moun"

Imajinasyon sanba a nan powèm ki rele *Kolan* an blije mwen mete chapo m byen ba pou m salye travay li. Se ak resous leksikal ki nan langaj mekanik sèlman sanba a rive ideyalize lanmou li pou fi ki metrès kè li a. San mwen pa di plis, kite m kite nou dekouvri sa pou kont nou;

> "Bon tan kou move tan batri lanmou n pa janm dichaj
> eprèv lavi sige tèste bouji senserite nou k ap pran laj
> ane pedale ale gaskit konfidans nou pa deboulonnen
> kè n anbwate anba bèl gaz pou yon lanmou san fren"

Tankou nou te di, lizyè ak bòn jaden pwezi sanba a ateri sou yon chimen ki gen de wout; womantik ak patriyotik. Pou nou fini ak lizyè womantik la, sanba a rapòte santiman medam yo k ap sibi endiferans nan men mesye yo nan yon powèm ki rele *Santiman.*

"Bil bebisitè a sou kont yon ti degaje
fanmi m ak bon pwochen pou m ede
demen timoun yo ak etid mwen ipoteke
tout plezi w se banbile ak mache tcheke"

Nan lizyè patriyotik ki bòne jaden pwezi sanba a, li montre li tande vwa yon minorite k ap batay pou jwenn plas li nan yon sosyete kote koze po yo ka mete yo nan cho. An nou wè ki jan powèt la kanpe lidè mouvman dwa sivik la nan powèm ki rele *Chapo ba pou Martin Luther King Jr.*, epi reverans otè a gen pou Malcolm X nan *Djouba pou Malcolm X*.

"Diskou l te byen chita sou lanmou
kwak yon ras moun t ap fè l menas
konsyans li pa te fè l pè al nan twou
misyon l se gide yon mas ki nan nas"

"Yon vwa ki pa te pè leve vwa l kont tout fòs mal
nannan l se kle batay li kont tout konsyans ki klete
prizon menas lanmò pa te anpeche l bouske laverite
van lenjistis ras pa te jwenn aval li anba menas bal"

Pou kontinye, sanba a pa kite Catherine Flon dèyè, nan yon powèm ki rele *Ibo pou Catherine Flon*. Li bay fanm vanyan sa a ki te koud drapo ayisyen an yon kokennchenn ochan. Nan non Catherine Flon, powèt la plede koz pèsonaj istorik sa a ak tout lòt fanm, lè li mande pou istoryen yo bay tout fanm vanyan ki fè listwa plas yo nan liv istwa k ap deplòtonnen sou latè beni.

E pou fini, sanba a envite nou viv lavi nou chak jou paske lavi a kout. Travay sanba Jacques Pierre ofri nou an se yon travay pwezi kote li fè nou viv richès leksikal lang lan ak tout bèlte li. Nan sans sa a, jaden pwezi sanba a mache nan liy dwat ak pawòl Octavio Paz la (Pri Nobèl Literati nan lane 1990) ki di: "Les hommes se servent des mots, le poète les sert" [Noumenm kretyen vivan, nou sèvi ak mo yo, men powèt yo la pou sèvi mo yo].

Lyonel Dominique Desmarattes

Batman kè m

Ak tout kè m mwen louvri kè m de batan pou wou
lanmou m san on yota fè m ba w kle kè m gran jou
neglije tout kòt fanmi ak zanmi pou nou sa viv lavi
je m byen klere fikse sou ou sèl afòs tèt mwen pati

Tankou de ti pijon tèt nou makònen sou menm zorye
brid sou kou ou manke kase kè m lè w di lachè a fèb
depi jou sa a m santi van lanmou w koumanse devye
kwak sa m pa janm bouke konsidere w kòm yon mèb

De twa jou apèn fin vwayaje m aprann m gen rival
lanmou m san kontwòl fè w pran kè m pou kanaval
m pase tout lavi m ap ba w prèv ou se zanj tèt mwen
yon maten ou deside ale san kè w pa menm temwen

Ane apre ane defile kè w toujou plòtonnen nan kè m
vanjans pa charye larezon m paske m konnen valè m
foli a annik pase ou mande kè w blese a yon ti chans
se pi bèl okazyon pou repare kè w te pase a nan rans

Ou apèn tounen pakèt ou deja tou pare pou leve ale
nan tèt pa w se ou-menm sèlman ki gen sekrè kè m
ou di fwa sa ou pa tounen nan lavi m pou vin pedale
tolerans kè m san demi mezi fè w kwè ou posede m

Je nan je m blije mare kè m tou sere pou m padone
yon maten kè m manke rete lè m aprann ou marye
w a jenou nan pye m ap soupriye m asepte reyalite
se fini fwa sa a pawòl la di de se kont twa se peche

Chavire

Kè m chavire chak fwa m pran gade w
nan fon nanm mwen m pa wè diferans
ou-menm se lanmou ki gid zaviwon w
pou paran w koze ras genyen enpòtans

Jou apre jou flanm lanmou an vle limen
move van lakay vle fè l fè myoukmyouk
pawòl giyon madichon vle fè m rale bak
men balèn nan fon kè m pa anvi tenyen

Domaj ou pati san nou pa janm fè sans
fanmi w tonbe rele delivrans ak asirans
lespri m di m se jis yon pwolongasyon
abit la pye pou pye ap suiv chak aksyon

Choukoun

Bèlte w pa gen parèy
chika w se yon mèvèy
karès ou wete n nan vèy
je w vizyonnen tout yon rèy
kò w deplòtonnen n nan dèy
chalè w pa kanmarad okenn revèy
kadans ou ase pou fè n pèdi yon fèy

Desepsyon

Apre yon ti kout fil tout bagay sanble te deja ranje
nawè nou chak koumanse fotografye n sou kabann
chat te pran lang mwen lalin timidite te anvayi ou
tabou levanjil lasosyete vle se mwen ki aji anvan
antan paran n ap veye lè pou nou rantre vin dòmi
satiyèt nou tonbe chatouye n kou Ayiti cheri n nan
laperèz pou m pa pèdi fè m pa fouti gade w nan je
afòs egiy ap monte mòn ou leve ale san di eskize w

Desizyon

Yon bèl jou kou jodi a latè beni resevwa w a de bra
premye batman kè w fè m konn enpòtans yon papa
depi lè sa a desten kè w nan brenn mwen tanzantan
plezi m se tire bèl kont pou fè w dòmi ak kè kontan

Chak ane ki file bèlte w kontinye byen boujonnen
m tounen sòlda pou evite kè w pa pase nan tenten
rèv mwen se wè w madanm anvan m fin granmoun
lè verite a resi rive atò pou kè w bat pou yon moun

Yè maten manman w di m ou gen sipriz pou mwen
depi je w louvri w ap tann mwen jodi a se tou pa ou
devwa m se pase w tout trik zòt pou pare move kou
pa janm kite zòt abize w menm lè kè w nan bezwen

Dezabiye

M annik leve se emosyon w ki di m bonjou
tout lannwit de je w klere m tankou chandèl
somèy kouri lwen w pou fè m konn lanmou
kout desibèl ou fè m imajinen jan lavi a bèl

Bajou suiv min ou gran jou k ap karese lalin
lawouze beni kè w ki pa gen plas pou rankin
bobo w se kout son lanbi pou bon jan konbit
janm ou telegide twazyèm pye m ale vini vit

Ateri w se bèl kout zeklè marinen nan loray
zorèy mwen an twonpèt kou timoun sou ray
detire w kou grenn lapli ki mouye m nan zo
sekrè n demele nan depale fè n tounen wozo

Egzijans

Apre trant rekòt kafe mwen pa ta ka pa gen yon pase
debale tchè m ba w pou konn ki fi m ye tout bon vre
ou prefere koute sè w ki fè w kwè m pa di w laverite
m annik mande w pou rakonte m pase w ou estomake

Chak jou ki tenyen w ap mande m èske m ap ret fidèl
pou m rasire w m ba w sekrè telefonn mwen ak imèl
pa gen kote m prale pou m pa mande w akonpaye m
lè m vle resipwosite fè w konfyans se sa w deklare m

Verite sou tanbou pèsonn pa fouti janm efase yon pase
tout ti boubout tchè n anbrase konte nan fòje atitid nou
lage kè w pou di jan kè w te brize ak kantite kè ou kase
istwa kè nou va yon bèl sous levasyon pou timoun nou

Enpas

Nou tou de di m bèl ti pawòl dous ki fè kè m kontan
kè m bat pou ou se vre men ou parèt on ti jan enstab
zanj ou pa danse nan tèt mwen diskou w konvenkan
kè m pran nan pèlen larezon pou fè yon chwa valab

Vire tounen m ap mande tèt mwen ki sa m ta dwe fè
fanmi m di m kite kè m pale pou m konn fòs lanmou
tan ale tan vini ti kè m sou wout pou ta kapote san lè
laperèz pou lanmou pa ban m vag fè m tonbe damou

Jodi a m ap reziye m fè sa m panse k ap soulaje kè m
zafè si demen ou blese kè m epi w dewoute desten m
vle pa vle se esperyans ki fè moun konnen sekrè lavi
m ap ba w kè m san konte men pa kwè larezon m fini

Jalouzi

Depi w poko antre tèt mwen pran tonbe boulvèse
vire tounen m ap gade revèy la pou wè ki lè li ye
zanmi ak tout kòt fanmi m pran m pou yon egare
nan fon kè w w ap di ala bèl lè lòlòj yon nèg vire

Plezi pa w se di m je nan travay ou k ap lòyen w
chita nan kay la se sa m gen entansyon mande w
mògej bil sou bil nan bil mwen fè m pa ka deside
kè m nan angrenaj kòf kè w m pa fouti abandone

Yon bon maten ou deside kalme enkyetid mwen
ou di m apre mwen okenn lòt gason p ap egziste
depi jou sa a m santi kè m soulaje debare nèt ale
sèl asirans m genyen se pran tchè w pou temwen

Je nan je

Yon ti je dou deja fè nou vizyonnen lavi n a de
fondas senserite n ede n gade yonn lòt je nan je
kò n ak latriye chay satiyèt ki ladan pral kontre
bèl lenn ak dra dekachte pa gen plas pou manti
jou a rive lapeti nou yonn pou lòt pa fouti kaba

Kite kè m pale

Kè m chavire depi premye jou ou te souri
lonbraj mwen pye pou pye dèyè lonbraj ou
chak jou ki pase m ap konte jou jouk li jou
vwa w se tankou yon sewòm ki pa gen pri

Pase yon jou m pa tande w se tankou yon lane
chak dosye m ap trete non w toujou ap flache
prezans ou nan imajinè m fè lespri m chavire
je w apèn bat newòn sevò m gen tan konnekte

Dat ou t ap tann dat sa a rive pou kè w balanse
fòs lanmou m ban m volan santiman w pou lavi
pawòl nou se bèl senfoni mizikal ki byen ajanse
an n chase timidite pou kè n pale jouk mayi mi

Kolan

Kè m tankou yon machin 3 silenn sou mòn pilbowo
ti zye dou w kont pou leve kwa chaf mwen byen wo
atansyon w se bèl luil pou fè sèvis nan motè lanmou
santiman w se transmisyon karès sou zèl douvanjou

Jou ap konte pou n pase bag san nou pa rantre levye
papa w deja ap netwaye kòf kè l pou li vin temwaye
zanmi ki t ap doute sou mileyaj lanmou nou va sezi
sonje dat ou te konfye m volan kè w san demi mezi

Bon tan kou move tan batri lanmou n pa janm dichaj
eprèv lavi sige tèste bouji senserite nou k ap pran laj
ane pedale ale gaskit konfidans nou pa deboulonnen
kè n anbwate anba bèl gaz pou yon lanmou san fren

Konfesyon

Jodi a lespri li prepare pou li resi konfese
pran tan w pou rive tande tout erè ki pase
konsyans li va soulaje vre epi kè l va poze
tout dout k ap titiye fon zantray ou va ale

Se verite m paweze ak kè pi bon zanmi w
ayè m rive devwale ak lage kè m bay sè w
talè a mwen tante envite kouzin ou an soti
pa chat vire tounen lage m nan ba w manti

M ap feyte kè w k ap rache lè w ap tande m
moun ki wè fason w poze di m pa merite w
depi kò nou plòtonnen remò tonbe manje m
jodi a san wonte m ap dezabiye m devan w

M pa vle di plis pou kolè pa chavire bonèt ou
enben ou kòmanse kontinye vide konsyans ou
men ki garanti m gen ou p ap di m bon se fini
verite blese se vre men se byen ou resi grandi

Koupab

Se pa jodi kouran santiman nou deploge
brid sou kou vòltaj sansasyon n melanje
dlo nan je w ap di m pou ki sa ou te kite
pawòl ou se ekivalan senserite san wete

Presyon paran lakoz ou vire do bay kè w
m ap gade w k ap pase depi de lane pase
fikilte lwaye ak randevou doktè sou do w
ou pa fouti konprann ki jan kè m ap kase

Papa w pran pil plezi kondane m san jije
fon kè manman w ak nanm li ap dechire
kè l ap rache afòs mizè zòt ap fè w pase
se konnya li regrèt yon chwa li te sipòte

Chak fwa m di w mwen pare pou m bliye
ou ezite tank pawòl piman bouk te repete
ledikasyon se kle pou chanje yon reyalite
san w pa gen okenn nesesite pou enkyete

An nou pase yon kwa sou tout sa ki te pase
fòs lanmou nou va ede n fikse de kè ki blese
byen nou yo va leve ak yon nouvo mantalite
Ayiti cheri nou an va konnen yon lòt sosyete

Kouraj

Apre refleksyon m louvri wout entimite m pou pran zèl
tout kapris vole pou rive viv tout mwen menm nan mwèl
vini w san jeretyen te fè m vizyonnen lalin nan byen bèl
bèl nuit sa ap toujou flache nan memwa m jouk nan syèl

Dat lalin nan pre pou ateri dekou prese fè m esplikasyon
kontantman yon ti ze fè m ba w bèl nouvèl sa ak pasyon
laperèz reskonsablite lage w nan tonbe konjige vèb wete
domaj pou ou m pa nan wouspete se anfante san regrete

Gade w tonbe nan kache pou pa wè vant lan k ap monte
jou ou deside kolabore a ti lèzanj lan sou wout kite tete
je l toupatou l ap chache papa l ki te derefize pou l te la
kè m pare pou padone depi ou fè m santi vre souf ou la

Refleksyon w atò montre m ou resi wè enpòtans yon lavi
de lane fèk pase ou fè m konnen jan w anvi laji fanmi an
eseye sou eseye chak swa Bondye mete syèl la di se fini
Bondje mwen te suiv volonte m sinon m pa t ap manman

Manman

Gade pitit ou k ap souri ba w anvi viv lavi
premye kado li ba w pou fèt ou se bèl lajwa
tout sa w sibi epi andire nan lavi se pou li
prezans li bò kote w jodi a fè jounen w swa

Depi premye jou ze a t ap fòme a ou t ap reve
jounen an pa te fasil men ou te reziste ak sipòte
boulvès ak molès tout kalte pa te anpeche w leve
mennen kay doktè bay tete pa te janm fè w ezite

Kontantman pou ou san parèy jodi a ak lèzanj lan
yon dekalyon felisitayon pou nou tout ki manman
yon dividal pasyans pou lòt k ap tann depi lontan
yon katafal ayibobo pou tout fanm ki se poto mitan

Marabou

Souri w devye vag ak kout lam
cham ou bloke dènye kout zam
chika w mande pran dite vèvenn
karès ou demele gwo may chenn

Tchè w toujou ann amoni ak solèy
lang ou akòde patisyon enstriman
nen w rale mennen vini kou leman
lonbrit ou demele lè nan tout revèy

Souri w liminen kote lavi a fè kwen
jansiv ou klere m nan dènye rakwen
chive w ralanti van tanpèt ak siklòn
souf ou debloke kè ki kole nan mòn

Maryaj

Klòch la sonnen fanmi zanmi rasanble
paran nou chak gade yonn lòt ki prale
lasosyete temwen angajman nou pran
yon ti bo beni wi n pou toutan gen tan

Soti sou lotèl ateri nan lakou resepsyon
de twa bèl mizik mete nou ann aksyon
boukè a balanse chans yon lòt pa lwen
moman myèl la rive nanpwen plenyen

Ven ane pase kè nou toujou ap fè tiktak
pitit nou fin gran revèy nou pa ka fè bak
jalouzi fache pwent jere an moun ki saj
resèt andirans maryaj nou se evite tapaj

Nannan

Nan je w m konn sa ki rele lankansyèl
nan lonbraj ou m danse kole ak solèy
nan bouch ou m dekouvri laverite
nan sousi w m konn valè sezon lete
nan kè w m wè enpòtans zetwal
nan souri w m vizyonnen pisans bal
nan pale w m sote sou fòs ki chita nan lang
nan chive w m wè lalin k ap fè m filalang
nan ranch ou m konn valè yon mèt
nan panse w ou deja wè m tonbe sou tèt
nan mache w m wè sa sa vle di yon fi ki byen tete
nan kòlè w ou pa janm eklate
nan tout pati kache yo m wè yon sous
nan vire w se siwo myèl ak melas dous pou dous

Ochan pou medam yo

Leve gran maten ak solèy prepare timoun ale lekòl
asepte imilyasyon pèsekisyon pou evite l lavi dwòl
tout founiti klasik sou do w pou l rive ateri nan lavi
se ou sèl ki gen nanm pou di sa w viv ak sa w santi

Fè jimnastik chak jou pou kenbe men ak yon aji mal
dòmi yon je louvri yon je fèmen pou bay ti sen an lèt
diplomat pa fòs pou dil ak on papa k aji sou kout tèt
se ou sèl ki gen repondong pou amonize byen ak mal

Toumant imilyasyon batriba pa rive fè kòlè w depase
kwak move van bèlte kè w pa sou wout pou l ta efase
misyon w se fè wout pou ti sen an yon potanta demen
se ou sèl ki konprann renmen pa bwote dlo nan panyen

Van ap soufle ou blayi sou yon tèt kabann pou kont ou
fin bay lavi pou lavi ka bèl pa vle di ou bliye fè lanmou
anndan kè w bèl karès lontan ap file tankou kout flach
se ou sèl ki kab wè jan tach nan santiman fè moun lach

Apre bèl soukous rèv pou ti sen an vin yon kichòy ateri
papa l tonbe mache plede rakonte pitit li p ap kite l peri
pasyans ou dikte w fè silans e ou rive menm padonnen
se ou sèl ki pa janm pran plezi nan fè kè pèsonn senyen

Pa chat

Solèy po ko leve m sou wout travay
ou deja gaye nan lari a ap mache bay
ret ap tann ou vin chache m lè m lage
ou pran eskiz trafik pou di m ou kole

Kanpe tou fatige apre yon nuit travay
kite mele w ou prefere ap ban m may
lè m resi konfwonte w ak prèv sou lèv
ou di m medam sa yo ape viv nan rèv

Yè maten tribinal rele w pou koze pitit
se bon zanmi m ki avèti m sa byen vit
se jodi a ou konnen twou manti pa fon
fwa sa ou p ap sa manje m kon bonbon

Remò

Kò w sou kabann nan men kè w lwen
nesesite fè w la men nanpwen renmen
chak swa w al benyen anvan w al dòmi
w ap mande tèt ou ki lè kalvè sa ap fini

Nwèl ane pase ou te panse kraze kite sa
zafè tout bon deja kay mèt yo fè w kalma
laperèz pou kont ou ak koze bil sentre w
bravo ou rive chinwa tou sa nan souri w

Yè ou resi debale kè w pou pa rive toufe
zanmi an di w nesesite tou fè kè l bouche
nou tou de blije kenbe men mesye abitid
men kè n ap depafini paske l vreman vid

Reyalite

De timoun de papa de timoun de manman
se pa sa konsyans nou yonn te janm swete
rèv koulèv sou lèv nesesite akouche reyalite
santiman di w ale lavi a deside an gran jan

Yo tou de ap grandi nan bèl chalè kontantman
sosyete lonje dwèt sou yo kon grenn depaman
menm zanmi n pote jijman sou nou ak jouman
konpòtman ak edikasyon nou pa fè nou pantan

Timoun yo fin gran konnya misyon nou bout
pawòl jouda medizans pa te fè souf nou kout
sa ki te timoun depaman tounen timoun lajan
laparans konn fè pi fò moun bliye san se san

Rèv

Nan vizyon m vwa w kouvri tout kò m
benyen tounen jwèt tank pafen kè w dous
toutouni m ta rete pou m vizyonnen chalè w
pa gen anyen ki ret ankò pou ponp mwen pati
gen moun ki panse m ap boukante rèv ak somèy
kache pa kache kè m deja antòtiye nan entimite w
lonbrit ak lang ou tounen rimòt kontwòl santiman m

Santiman

De timoun sou bra m pou m grandi
w ap mache paweze nan lakou foumi
chak kenzenn byen sonnen ou touche
se pa gade w ki jan n abiye ak kouche

Bil bebisitè a sou kont yon ti degaje
fanmi m ak bon pwochen pou m ede
demen timoun yo ak etid mwen ipoteke
tout plezi w se banbile ak mache tcheke

Kè m anpeche m rele w douvan lajistis
ou mize sou sa pou kontinye fè m enjistis
tout plezi w se klewonnen m yon bon fanm
ban m chans pou m di ou yon gason ak nanm

Senserite

Grandi sou menm katye sekrè n antere nan menm govi
moun ki pa konnen tout zantray nou konnen n se fanmi
laj ap vanse nou chak avan lontan pral gen yon ti cheri
èske zanmitay la ap kenbe si chwa m nan pa fè w plezi

De senmèn pa fin pase m kontre moun ki fè kè m bat la
randevou pran pou m fè w kontre li ak tande opinyon w
laperèz pou pa blese m ou annik di ou swete sa pa ret la
domaj ou pa gen ase kouraj pou di m sa ki nan fon kè w

Sonje n te leve men n pou zanmitay nou pa janm pyeje
yon bon maten cheri a di m li kwè sa p ap ka kontinye
kè m pran fèmen lè w di m mesye ak mwen pa matche
lè tou pa w rive m jire pou m ba w opinyon m san beke

Separasyon

Van pawòl zonzon divizyon lachè nou gaye tout kote
tout ti sekrè n tounen tolalito afòs nou refize granmoun
lavi n tounen pyès teyat nan tout bouch ki renmen pale
nou avili yonn lòt men nanm fado a plis chita sou do w
chavire yonn lòt ap lòyen ti bonnanj nou ki deja nan mal
lonbraj nou tounen tout kalite boul anba pye tout timoun
nou pa wè nou pa tande fòk yonn nan nou disparèt lòt la
nan rayisman san fren sa a konsyans nou refize fè yon pa
tèt ansanm pou pwoteje edikasyon timoun yo pa respekte
zanmi w ak kòt fanmi w ap sakrifye m ak benediksyon w

Sovajri

Men w te gen tan tou pare annik fi a di w sa l panse
pou ou menm se pou l ankese tout sa w ap fè l pase
sè w fenk di w mari l frape l ou prentan pou batay
nan ki lafèy ou wè sila w ap matirize a san zantray

Mank konprann ou fè w kwè baton se volan lanmou
ou pa pè mache di moun sa yo bezwen sa pou yo dou
men w bliye sè w ak pitit fi w se eleman dyagram nan
kilè w ap rive pase trè sou mantalite kannannan w nan

Chak wozèt ki pati se kont pou lakòz yon moun trepase
lè dan rache san vole je pete ou kouri mande padone w
si pa malè kè ta rete ou tou pare pou di s on sen pouse
se dilere sa ou pa gen kouraj pou pran reskonsablite w

Dan ak lang konn mòde men yo chita nan menm bouch
kote lanmou pa chita sou respè relasyon an toujou louch
tout moun tèt dwat konnen règ jwèt la pa nan leve men
sinon pitit ou pare swa pou l asepte swa pou l toufounen

Tchè mwen

Babin ou file kou yon bèl pwent kreyon
chenèt ou mennen drèt kot papa Bondye
lang ou pa janm bouke mete tchè m o pa
très chive w kalme tansyon m konn gen
sen w fè m tounen jako ki pran nan gonm

Tray

Tout je konprann se sou mwen pou yo pase may
move lavi koz derespektan pran m pou yon pay
tout san dekowòm oze pwoche m paske m ap bay
grangou timoun yo pa pèmèt m antre nan detay

Imilyasyon jodi va ride m met demen yo sou ray
tchotcho m sanble va ede m monte yon kat miray
vant kòde anpeche m kenbe jipon mwen nan tay
je wont je m lage kò m nan ankese tout kalite fay

Chak swa m leve dlo nan je kè sere m al travay
moun ki viv sa m ap pale a konnen li gen gou lay
fikilte lavi fòse m anbake sou do m tout fòs chay
nanpwen fyète lè degouden m chita nan fè bagay

Valanten

Jodi a se jou pou n konfime ki jan nou renmen
mete sou kote tout pawòl ki ka anpeche n fete
an n bay lanmou nou jarèt pou yon bon demen
moman an rive vre pou n jire yonn lòt laverite

Nan jou sa a kè m pare pou padonne tout peche
pwofite pwouve m ou pa gen anyen w ap kache
amoni kè n se yon mizik ki chita sou bon jan nòt
ala bèl sa bèl lè tou de moun asepte pase yonn lòt

Nan nannan tchè mwen ou se valanten m pou lavi
se sèten kè w p ap janm lage kè m nan kouri
an n pwouve yo relasyon n pa dife pay mayi
kote lanmou koumande kè kontan ap toujou blayi

Volonte

Chak maten w ap mande si relasyon n ap kontinye
poutèt timoun yo ak sosyete ou kwè m blije asepte
fanmi m pwomèt mwen tout sa ki bèl pou m ta ale
m vle di w lanmou nan kè m dikte m pou m pa kite

Sinema manje krèm ti flann manje ansanm antere
annik ou rantre se devan televizyon an ou plante
kouman jounen m te ye pa rantre nan lis kesyon w
m la m ap jemi kont mwen afòs kè m toujou vle w

Nan travay tout zanmi m ap pale jan nuit yo te bèl
m met yon kas nan zòrèy mwen pou m pa pran kriz
tout moun k ap gade m konn byen lavi m manke sèl
fon kè m kou vwal k ap dechire anba gwo kout briz

Jou m resi fè w esplikasyon ou avwe m ou pa merite m
sonje byen m te di w pa koute bouch moun k ap jije w
jij ak tout lwa k ap jije w yo nan tèt mwen ak nan kè m
viv pou mwen va ede w konprann kè m pa demerite w

Zanj

Ou vire lòlòj mwen nan tout sans depi w pran pale
mo kreyòl ou yo ateri nan kè m ki pa bat pou franse
degenn chokola w envite m suiv lonbraj ou ti pa ti pa
chak jou ki pase chandèl nou ap renouvle sa nou vle
pelerinaj lavi n montre nou p ap gen yon demen ki di
jete dlo fè tab bay manje se dizon n pou n rele lespri

Zetwal

Chak grenn zetwal ki file raple m lè m t ap file w
se byen tande pawòl chokola m yo te touche kè w
repons ou te montre m lanmou se yon jwèt pasyans
lèt dous ou te fè m kwè nou pati pou yon bèl avans

Chak kout fil san rete te bay relasyon nou an bèl fil
premye jou nou te soti a se prèv tchè nou te pran fil
pase nou te rete nan tan pase pou nou sa gade devan
tenyen je nou yonn pou lòt te gen bèl efè sou tan an

Jodi a bwat sèkrè nou plen depase ake pyès lanmou
konfyans nou yonn nan lòt pa kite plas pou mefyans
lavi nou se de kè ki p ap janm bouke jwe viv damou
chaj elektrisite lanmou n se vòltaj ki chaje ak pisans

Alelouya pou Mère Teresa

Yon modèl levanjil san parèy kont lamizè
soufrans sa ki pi pòv yo te touche l nan kè
lavalas senpati l pou tout kretyen san parèy
batay li kont grangou tèt kale te yon mèvèy

Nan je pa l soutàn vwale dwe kont lenjistis
Mari se senbòl nou ta dwe suiv san kout tèt
volonte l te tonbe daplon ak Granmèt la nèt
reziyasyon pou Mari se jwèt viris kapitalis

Lafwa l pa t chita sèlman nan woule chaplè
vwa l te ateri nan tout kouvan ki an mas kay
angajman l la pou raple nou syèl la pa piyay
mè ki vle suiv Mari dwe devwale yo sou latè

Chapo ba pou Martin Luther King Jr.

San vyolans rayisans ak medisans
Maten t ap preche yon bon demen
kote bon sans prime sou vanjans
men sanzatann lavi li pral tenyen

Diskou l te byen chita sou lanmou
kwak yon ras moun t ap fè l menas
konsyans li pa te fè l pè al nan twou
misyon l se gide yon mas ki nan nas

Prèch li jwenn fòs nan yon nich pay
men nan men se dizon l pou renmen
rèv li koz kè ti kè l rete nan yon kay
je l fèmen men li pa te mache an ven

Kote Maten ye a li kontinye ap priye
wwa l byen sonnen di n lite nan lapè
mache rasanble leve kanpe ak reziste
veye kore priye pou po n pa rete a tè

Djouba pou Malcolm X

Yon vwa ki pa te pè leve vwa l kont tout fòs mal
nannan l se kle batay li kont tout konsyans ki klete
prizon menas lanmò pa te anpeche l bouske laverite
van lenjistis ras pa te jwenn aval li anba menas bal

Vwèlta l nan sivilizasyon an ede l chanje tanperaman
rekonnèt li te konn fè erè montre batri l chaje ak diyite
pawòl li vin koule nan bon jan grèk fratènite ak egalite
alyans ki pa te posib fèt gran jou pou bèl rasanbleman

Yon douz kacho po a atrap li yon ventenyen li gaspiye
vwa l te ede anpil vwa ki kwè yo pa janm pitit lespwa
lachas li t ap denonse a po ko sou wout pou pèdi pye
vwa l byen fò ap mande n leve kanpe kont move lwa

Ibo pou Catherine Flon

Yon flonn papye listwa souseka mete non w sou kote
ak de moso twal anba bèl kout zegi ou fè fyète n flote
ou rasanble rès papa tè a pou chen pa mande l regleman
kwak sa tout achiv vire do bay kouraj ou anba move jan

Non w annik site isvoryen deklare manke dokimantasyon
Tant Toya p ap janm bliye ou se yon fanm ki poze aksyon
depi ki lè non fanm te konn site nan liberasyon yon nasyon
gen yon jou ka jou lekòl va vire do bay ideyoloji seleksyon

Kote w kouche a nanm ou ak nanm papa libète a konèkte
de je n la ap gade ki jan zile a tounen yon gato k ap separe
san jèn pi fò tounen koutye pou vann zile a ak mechanste
endiyasyon prèt pou detripe w akoz fil drapo a k ap defile

Ochan pou Charlemagne Péralte

Kon ti poul malfini pote w ale kouwè sak pay
ze w te kale nan moulen kako a pran nan pasay
ou sèl ki konn sa ki kache nan boutèy aynekenn
gen pawòl lakonsyans pa fouti kache anba lenn
sou kabòn listwa non w se danje pou malfini vèt
ou fè lonè moun ki gen kolonn vètebral yo drèt

Omaj pou Nelson Mandela

Plis pase yon ka syèk bouwo anfouraye w nan prizon
malgre sa nanm ou pa janm enfèkte ak viris divizyon
tout rèv ou se te rekonsilye tout kalte koulè kayimit
pouvwa pa te tante w pwolonje manda w san limit

Jodi a ou pa la men non w sige make anpil konsyans
san nanm yo sezi lè yo wè kè w pa gen tak rayisans
lavi w mennen pa bay chans pou pèsonn fè medizans
kote w ye a w ap gade nasyon lakansyèl la ak pasyans

Egzanp ou se yon sewòm oral pou tout vre jenn lidè
fondas batay ou ta dwe nan silabè tout lekòl sou latè
chak pawòl ou se yon refren ki merite reprann an kè
lidè k ap suiv ou blije poze aksyon ki nan lizyè lapè

Onè respè pou Anténor Firmin

Lide Gobineau yo pòtre de gout dlo ak kay ki ante
Bondje fè ekriti l yo sapata anba yon vanyan nan nò
ak lèt fen dizon tout moun se moun nan fre kou ti fi
mesaj plimeyank lan kònen yon konbit men nan men
chak kout lide kanno ki chita nan liv sa a se yon senbòl
repons mesaje a kont kalbas grandjòl la te mande kouraj
mank jijman Gobineau sou po pote po tèt li chaje ak pou
erezman ond tenò a fò pou bloke ond mono a pou toutan

Savalouwe pou Mahatma Ghandi

Anfas opozan san nanm lide w te swa kou gan
mesaj ou se bon jan mèstin kont lavi di
renmen ak padon se fòs ki te ede w kwè
lajistis pou tout kretyen vivan se balans lavi
lit ou te chita kont tout sistèm yonn pou tout
diskou w onore pwovèb ki di tout moun se moun
pasyans ak aksyon w montre vre sa kè w vo
disip ki suiv pa w pa fouti pa fè bon jan kichòy

Reverans pou Septentrional ak Tropicana d'Haïti

Plis pase swasant lane ajoute sou yon senkantèn
se nou de a ki rive reyini nimewo sa sou yon sèn
zam nou se mizik ki koule nan bon grèk disiplin
diktati ou pa nou pa t kite zetwal nou twaze lalin

Soti nan chofè mete m atè nan salopri w la tande
ateri nan tifi a leve anmwe l ale banboche anmwe
vire a dwat nan Maryana ala yon ti fanm malonèt
vire a gòch san kanpe nan w ap ensiste gade m
epi kase koub san gade nan "Cité du Cap-Haïtien"
pou n rale monte nan si w fè byen se byen w a wè
enben lè n ap danse Septan pa ban n move nouvèl
pa gen manti nan sa Septan dous tout bagay li dous

Chak grenn mizik ak melodi yo s on kout kamera
fotograf konpa wousi yo byen tire pòtre sosyete a
yo tire tout pawòl monte pou kouche yo ak bon son
fim lavi a ap woule souke pye w pou fè yon fason

Soti nan pran pasyans cheri lapriyè pou mwen
ateri nan bann jouda yo sispann pale sa nou pa wè
vire sèk nan nou malere se vre men malere pa defo
voup nou nan rat manje kann zandolit mouri inosan
rapid nou devan yon inondasyon nan pon Lenbe
bop m santi m bouke manyè ban m yon lòt dòz
epi yon fren sèk sou se bon zanmi yo ki rayi sò m
se verite a kwa bon pou rich si moun pa respekte w

Konkirans lan te kenbe yon bèl nivo sivilite
sanzantan kèk bèl kout flèch te konn pwente

Twa ti lawon yo sove lanmè pouse yo tounen
bouki sove bouki deraye bouki move manyè
o o o se pa ti Joslin sa l gen tan gen la atò
ou chaje ak pwoblèm al pwòpte lakay ou

Menm kote a de grandèt mizikal yo tonbe dakò
yo chak chante chante lanmou pa yo ak bèl akò
y ap toujou damou n ap sove cheri n ap depeyize
Dadi si nou jwenn difikilte cheri n ap depeyize

De mak fabrik mizik pèl la ap rajeni ban yo
konpetisyon an toujou rete nan yon bèl nivo
kamera yo chak toujou brake sou sosyete a
ble e blan an ap mande rèspèkte règ jwèt la
jòn e vè a vle edikasyon ak jistis pou pèp la

Ayizan

Nan ginen vwa w tanmen yon gwo rasanbleman
kout zèklè se yan kout loray se verite sou tanbou
kòn lanbi an sonnen nou galope mete nou an ran
viktwa a nan pla men n yon bat men se kase kou

Nan tout lakou son kata ak kwachi ap bay payèt
lespri monte lespri ale lespri poze lespri deranje
anizèt pase bouch an bouch ayizan se tèt pou tèt
kat pase repase rezilta anetwale pou sa ki gen je

Ipokrit karesan antre nan won tanbou pran chè
lwa ki danse nan tèt Mari a se li ki monte Jezila
dènye kout divinasyon reponn ayizan yo nan kè
demen ki se jou lanmès se menm je yo ki deja la

Albinòs

Gade w fè m kwè m se kanmarad chatiman
lanmen w ta vle fè m panse m se ti frè piman
prezans mwen bò kote w vin yon anbarasman
fason ou pale ak mwen siyale m yon mankman
atitid ou montre ou doute sou egzistans Bondye
lapawòl ou se lennmi sa ki kwè nan yon alemye
diferans ou baze sou etikèt tèktèk ou ban m pote
Granmèt la fè nou chak grenn yon bèl sous bote

Azizwèl

Non w apèn nonmen tout moun se rèl
sou tout do w mak lavi a tanpe ak swèl
je w rale sosyete dekati a jouk nan zizi
tout kò w se temwayaj yon politik ouzi

Tout pawòl nan bouch ou sot nan mwèl
adje pèsonn pa mande w jan w pase nwèl
dlo nan je dwèt sou bouch an galimatcha
rèl ou pa djigèt palto yo k ap tchatchatcha

Zetrèn ap file nan nen w se gade san pran
larezonnen bèl koulè pou sila yo ki gen ran
kouche w madoulè w se ou sèl ki konnen
lèt ak pòm sou fòs san w fèk kare mennen

Bacha

Bacha pa janm neglije pran men refize bay
fèt bacha toujou chita sou monte move kou
pou bacha lavi a se tankou yon manje bliye
respekte vòt balans lan se sa demokrasi pote
tout fanmi ki anpetre nan gè sa ap pote mak
istoryen yo va kouche sa konsyans yo sonje

Babilòn

Douvan jou fèk kase tout moun sou chèz ba
lame ti kouto ak baz bloke dènye wout anba
yon gwoup byen monte ap rele byen fò aba
militan di fwa sa a pouvwa a pa fouti kaba
avyon an ateri nan mayi a tou pare pou laba
pèp souvren fatige leve kanpe pa konn saba

Banmbanm

Klòch la sonnen jouk kote van mennen papiyon
pawòl dekati repete tout boulin moun sou tansyon
tèt ak kòn fè bekasin pou n pa anbreye soup linyon
pwojè demeplè ak komesolo mete pèp la an ranyon
listwa satiyèt nigrit nou lanvè landrèt tankou giyon

Kadi a lonje dwèt sou vodou Ati a rele esplikasyon
beton an chofe tout pawòl san dra onore sanksyon
vòt banmbanm nan bloke sou yon pon san misyon
manm peyi a ki fin angoudi bezwen yon bon friksyon

Chaloska

Debake an Chaloska bil zile a brase an gran jan
pi fò politisyen lage yo nan politik san manman
Atila file nan zen kou pwason nan move kouran

Wowoli tounen lòbiyis nan monte pwojè konze
me annik rive ti manman cheri tanmen kouri file
lamas anba yon mi ki dous ak yon kanaval tavle

Nan ranmanse pèp la resi pa konn ki kote li gad
kameleyon angonse l nan labouyi lawont ki fad
Ayiti toutouni pran anba yon mèt chantè san rad

Chanpwèl

Vandredi swa tonbe anbyans chanpwèl eklate
mo lou ap tonbe granmoun move prèt pou pete
lavi prive dènye limena nan zen Loko Basiye
move pawòl ki repete kont ase pou rele anmwe

Chak pwen kont pou mèt pwen an ale mò toufe
kanivo tonbe nan grèv bèbè douvan inifòm lekòl
latranblad koupe fache ak dilatasyon koulè fòmòl
tanbou manche senti mache kou pilon k ap pile

Lè endiy rive chanpwèl fin depoze chanpwèl soti
zafè tanbou fini se koze zèl ak vòltije k ap defini
sòm ap tonbe ponyen sèl pre pou kwape chanpwèl
chanpwèl ak chan pwèl li pran nan chan sitwonèl

Degrenngolad

Figi zile a vire lanvè tank nou vire do bay lè
lanati tchwipe n men nou rete rèd kou mapou
sèl entansyon n se pouse do frè n pou l tonbe
ki fè tout ti lòjou gen fòs pou ban n so kabrit
pi fò nan nou pase fyète n dèyè do pou manje
rekonpans tiz nanm nou jouk nou pèdi on fèy
san konsyans pòtre makak lasyans nan redi li

Desten pitit sòyèt

Nen yo anvlimen nan batey vwazen
pitit san papye san alye san demen
se yo sèl ki konnen mizè y ap pase
souf yo byen wo rezistans yo kase

Lè se pa koupe tèt se pann
lè se pa kadejak se sann
lè se pa tire se kout fwèt
lè se pa depòte se chaplèt

Zòt mande yo sispann frite
bwa kwaze lakay pa gen tete
anba fil jodi pimpe tounen demen
lobo ap tann yo nan chimen jennen

Dilere

Jistis pentad la kite ke makak la ale san kase
Bondye rele chak vèditè lè li vle jou li vle
se dwa fanmi l pou kriye paske san se san
kabwèt ki mennen tig la chaje ak san inosan
bèf ki rale l tig la charye yon nanm tou boule

Diri

Tab la gani anba bèl salad men se tankou l vid
madanm diri absan pi fò bra pase pou envalid
gwo kout kiyè ap voye monte pèsonn refize ri
chodyè serye a rive yonn mande lòt pou di diri

Ri sou ri pete vant louvri men lajè pou ranmase
tout je ak degenn byen limen pou fèt la balanse
dènye vizaj transfòme blag ap tonbe figi di fini
chodyè a vide yon bat je gwo kout ri pran blayi

Envite yo kon mango mi tanmen fè foto souvni
kameramann nan ap konte apre 3 pou yo di diri
kout flach ranmase tout pitit diri yo ak bèl souri
kalite kout ri sa yo pote nou kwè Ayiti p ap peri

Drapo nou

Swa nou viv lib swa nou mouri
san sa zanzèt nou yo te fèk kare sibi
antan n ap selebre 18 me a byen banda
poze aksyon pou n leve Ayiti a tè a

Benediksyon pou tout sila yo ki te goumen
rekonesans pou ewo nou yo ki te kenbe men
kouraj pou nou tout k ap suiv zansèt nou yo
an nou fè drapo nou ak po nou flote pi wo

Fyète pou zansèt nou yo ki di tout moun se moun
respè pou yo paske yo pa te kite po yo nan dout
chapo ba pou nou tout ki vle mete Ayiti doubout
djouba pou pitit tè a k ap aji pou fè l Choukoun

Ebola

Se epidemi ki fè w konn santiman de twa nasyon
maladi pa fè w chyen men li ka mete w an chyen
ki mò nou chak ap mouri se Bondje sèl ki konnen
gate depi ti souf la koupe pa gen tan pou orasyon
vanyan ateri gran jounen pou anyen anba dra blan

Fridjèt

Tanperati a po ko desann nou deja rakokiye
manzè fredi byen di ap sonde mouche chofaj
tout kò boure je prèt pou bouche pa gen triye
kouri defann kèk grinbak epi tounen nan kaj

Tèt apèn poze sou kabann alam nan deklantche
kò kraz se jwèt kolik se rans degaje n ponnche
bis la pase chak briz van se yon kout fwèt kach
bil sou bil bezwen lakay sou do n pa gen fè lach

Lanèj an demon nyaj yo vag pye sapen an rèleng
limyè mi wo mi ba kè n pran nan dans brenzeng
fwotman kò tounen chalè pou evite n manje fredi
travay tèt dwat pa gen chans pou poudre bèl figi

Henhen

Yon lwa koken nan moulen peyi dominiken
lage anpil frè n ak sè n yo nan kalbas petren
mizè lakay fòse yo al chache yon moso pen
epi y al tonbe anba bouch reken gran maten

Jodi a tout venn nan kò nou ap plede senyen
san nou yo nan Panyòl pa fouti rete je fèmen
li lè pou n divòse ak yon politik lese grennen
an n mete men pou n bati yon leta ki gen nen

Dri dri zòt ap atake n pou fè vaz kòlè n plen
panse tèt frèt pou nou evite pran nan pèlen
an n kole sèvo nou pou n ba yo kè nan men
pa gen defi ki lou pou leve lè w se ayisyen

Jeriko

Miray Jeriko a monte byen wo nan peyi Ayiti
lapriyè monte bwa afòs pi fò nanm deja vann
kontrebann koz Sen Pyè pa louvri pòt pou ou
balèn antere tradisyon yonn bay lòt kout men
anpil entelektyèl refize montre respè yo pou li
levanjil ak sòlòkòtò demanbre se pwenn fè pa
kalvè nevenn wozè karismatik pa fouti met ba
klòch sonnen ason chaplè grennen pou gide w
je wont je lafwa nou nan ze kannari san papye

Konbit

Anba vwa yon simidò tout moun mete men
chante kongo ak rada antere tout pale anpil
travay yon tralye moun tounen yon ti chay
tè ap sekle nan kole zepòl tout moun sou pa
yon bèl kout men kontre kaba tout pwa lou

Kou nan do

Kouman pou vle l kwè san l pa wè lè l rele Toma
malfini annik vole yon pati latè beni benyen ak san
lapè tounen yon min lò ki pa kanmarad okenn kara
yon ponyen moun ap banbile epi lamas ap mouri
dlo a rete nan galèt la tank wòch bloke l depi anba
sous richès la toujou rete konsantre nan yon sèl men
tout kote w pase se menm klas la ki alèz kou blèz
plezi espè yo se tete plim yo pou fè literati konpare

Kreyòl

Kreyòl se mak fabrik timoun dizui san kat
se ladan n ap vire lang nou depi n ti katkat
ki ta dwa n pou n iyore sa ki soti anndan n
kreyòl pale kreyòl konprann

Lekòl nan peyi n dekonèkte n ak lang nou
nou fòmate pou n wè sa ki soti deyò gou
dènye sa ki fèt lakay tounen yon pwa lou
mank idantite nou kontinye mele n ra kou

Bay kreyòl wòl li pou sispann kwè l dwòl
bèlte chak lang pa kanmarad okenn lòt
natif nan chak lang gen valè mil men sòl
pale kreyòl ki aprann ou bonjou louvri pòt

Lakòl

Yon kan bouke ak kòl k ap pase l nan rans
vyèj ti mèt lòt kan an li prefere fini ak kòl
nan jwèt fo kòl sa a n ap woule sou chans
yon lavalas mizè tèt kale plonje n nan kòl

Kòl nan kou drèt kou tank pare pou labank
poul la kontinye deplimen san rele san rete
san kòl pase pou silabè ki toujou leve lank
pèp la ki chita sou ban akize kondane mele

Nan pwochen chanm nan san kòl p ap ase
chèz boure a ap suiv yon defile kòl an ran
dat la bay kòl dwòl ap vale ri pou ranmase
woulibè kòl bliye men yo ki benyen ak san

Larezonnen

Tranteyen desanm vole se larezonnen toupatou
nan yon bat je nou vire do bay larezon tou sou
pèsonn pa mande pou ki nou aji kon chyen fou
nou bo ak bay lanmen men kè n manke lanmou

Sife p ap janm pa genyen yon tranteyen desanm
pa panse n ap toujou beni pou nou viv li ansanm
ede dan devan yo se zèv moun ki gen bon nanm
byen ou neglije ka kokobe yon fanmi ki enganm

Larezonnen pou vye frè n ki nan fon twou bwa
pa kite soufrans fè ou kwè ou pa dwe gen lavwa
soti anba dra pou lavi w divòse nèt ak gou lalwa
kaba lide pachiman nan tèt ou ki pa pote lespwa

Lopital

Fè yon ti pwomennen rapid la
pa rete tann lè ou tonbe delala
zafè klas ras estati sosyal kaba
maladi pa konnen koze bacha

Se la pou w tande pawòl sajès
nou tout gen pou pase yon jou
pa gen anyen ki serye nan lavi
anwetan ti souf la anyen non

Fanmi pasyan ap tann ak tristès
grenmesi doktè nou konn bon
yon moman move nouvèl ateri
mesaje yo blije pale ak anpil jès

Meleyo Meleyis

Sis chòlpis tounen yon vre kis
pòtre pil karapat ki nan zo mis
yon kolonn mawoko tout ti vis
zo pou zo ak yon latriye arivis
ki nan tete lang ak tout patatis
derefize konprann yo p ap sis
nan okenn deba kache ti malis
kote aktè yo fè yonn ak aktivis
pou planifye yon ajanda alsiyis
ak tout majis ki vin vivi lajistis
nan mare sosis ak depi se kòpis
ki tounen legetè zòkòy ak minis
afòs minis ta vle sige lage viris
pou jete sa ki pa melas nan kalis
epi kenbe ekwasyon an mòksis

Okap

Okap s on kap k ap paweze nan lè san mil a lè
depi w vizite la ti pap tèt ou p ap janm ret a tè
antan w ap amize w lakay bèl kout briz se wap
si w t ap renka kò w pou ale bay dèyè w de tap
nap n ap mete pou akeyi w ap fè w vini tap tap

Opozisyon

Ledikasyon ak kout fo kòl p ap fouti pote benediksyon
kidonk
enstitisyon nou yo pa ka djanm ak kreyon konsiltasyon
kote
salitasyon tounen rekreyasyon melanje ak malediksyon
antan
levasyon pran nan chèf demeplè nan lakou sò represyon
akoz
petisyon an pa fouti reyini yon bon valè siyati demisyon
anwetan
fòmasyon yon kowalisyon pou chavire l san kondisyon

Patisipasyon

Negosyasyon nan lakou lakay tounen yon distraksyon
tank
motivasyon n pou pouvwa antere bon valè enfòmasyon
kifè
tansyon beton an kenbe pèp vant souvren sou presyon
afòs
misyon politisyen nan kare a pa mare ak okenn pasyon
konsa
anbisyon met pwodiksyon kawo pou eleksyon seleksyon
epi
aksyon pèp la ap tann kont lamizè pa menm yon opsyon
akoz
solisyon nasyon an nan men lidè ki pa maton nan patisyon

Pèseverans

Pasyans se kle ki pou fè w debouche sou wout lasyans
antan
pèsitans nan travay ou chak jou ap ba w plis konfidans
pou
tolerans ou rive fè w pa flanche douvan okenn medizans
ak
konfyans nan pwòp tèt ou pa fè w pran lavi a pou lisans

Pèsi

Marasa mo sa a nan lang panyòl
akouche yon sitiyasyon ki dwòl
kote san pral tache larivyè masak
ak lavi inosan ki defèt pak an pak

Yon dividal san vide kou laviday
yon katafal fanmi tonbe nan tray
lajistis pase yo nan kanivo lalwa
san mèt ak san vwa yo anba bwa

Desandan viktim pèsi yo anba dra
vwa ki pou ta wete yo nan mera ra
patizan ras pèsi yo kont tout melanj
kafe ak lèt la koule nan soup revanj

Reskape pèsi lakay tonbe fè mawon
pitit pitit pèsi yo deja pran nan won
zotobre lakay mare nan pye tab pèsi
lavni de bra balanse yo nan peripesi

Plantasyon

Mak fabrik plantasyon an pote siyati kann
dizon chèf bann chan kann yo se sige vann
sa ki pa sanble ak yo pase pou jenere lajan
anba kout raso ajan ap prije san an gran jan

Move plan migatonn te vle pote ale yon ras
kondisyon bout fè pote vanyan leve an mas
sitèm kann nan pare pou yon dezyèm mitan
gremesi klòch la sonnen nan bwa kay Iman

Domaj adeyèn plantasyon an pa fin disparèt
desten l chita kay yon makòn mòdantrèt
awoutcha doukla ak natif natal ranplase chèf
se kè senyen gade vwazen an pran n pou bèf

Revè

Tig la mouri tou sezi yon apre midi
kòk la pa konn kote l gad anba gad
mate li se sa patizan tig la tonbe di
lari a tonbe rele pèsekisyon pentad

Ke makak la kase san yon kout sonn
zepon kòk la ta sanble chaje sapatonn
betizè pran nan sèp anba gou lamama
binèt grèk jistis la chaje ak yon lo ma

Jistis pou yon chay viktim tig la aloral
pwosè tig la nan men jijiri ak sann bal
dosye chaje ak pousyè nan men betizè
jijman gwo po bò isit se powèm an vè

Rense je

Garaj la louvri dènye je fè piyaj
laj kaba ka Toma menm lè l saj
raj twa pye l anvi l pase yon paj
kaj la fèmen avan l rale yon nyaj

Sechrès

Tandrès se sa w te pwomèt mwen ak anpil karès
konsa
rès lavi m al ateri nan men w san okenn move jès
alèkile
ladrès men w gen fòs pou kè m pa janm an detrès
kifè
très chive w anvayi m kou bon van ki sot nan lès
kote
laparès tonbe nan yon kous ak mouche maladrès

Somè Karikòm lakay

Òganizasyon yon somè pa ta sipoze atire rèl
jebede nan yon lang Karikòm pa pale se fyèl
pale lang nou pou n sa di pawòl ki gen mwèl
moun k ap suiv nou va dekouvri lespri myèl
dènye tchovit lakay va resi santi yo nan syèl

Bèl kout vaksin pou yon dal dirijan Karikòm
vag kou chamo y ap di sòm pou derefize tòm
makou ak kòn byen pare pou monte tout mòn
sirèn yon flonn kòtèj tèt bèf anvayi n san bòn
jouda kamera ap tire foto palto ak kout ayfòn

Apredje ak bon jan diven ap devide san wete
dosye poud lang kriminalite ap defile navige
dirijan kolòn vètebral sou kote pou evite tete
mawoko vivi ka ri kòm plon gaye ap demele

94

Touris

Touris kè kontan ap apante zòn nan ak lis
grinbak nan men yo se renmèd tout ti vis
neglije yo sou yo ra zibit pou atire dejwe
prensip lakay nan ti gòdèt anpil bouch pe

Akoz nesesite tout jeretyen vini pran pòz
pitit lokal nan chache lavi pase pou lakòz
de twa rive wete yo anba yon maryaj woz
degaje w dirijan w lage w nan danse laloz

Devlòpman tounen laboratwa koukouman
lotèl tribò babò parèt sèl grenn soulajman
politisyen dakò lajan devlòpman bataklan
vant tchovit tè a lage anba bouch kayiman

Twa wa

Memwa pèp la koule nan paswa
lwa sanzatann vire kite l nan nwa
mwa pase depase sèvo l anba bwa
se swa l boure swa l kanpe an kwa
lafwa l pa reflete nan okenn miwa
feblès rezistans li pran nan kouwa

Vètyè

Yon michan batay gason pa kanpe eklate
kout kanno ak metal fè migatonn san rete
kòn fòs limyè ap ak fòs fè nwa ap kontre
kase chenn se dizon yon gwoup y ap tete
apse lesklavaj la sou wout pou l rive pete

Michan batay sa a kite gason a tè kou vè
kantite lafèy te kouche pa menm yon tyè
vanyan sa yo te konnen se fè ki koupe fè
libète pa gen lè pou pèp ki kwè nan valè

An n ale swa nou viv lib swa nou mouri
se mak fabrik vivan ki pa kwè nan kouri
zanzèt nou yo pa te vle n fotokopi franse
nanm yo pa repoze an pè afòs n ap ranse

Vokasyon

Devlòpman peyi chita nan men moun ki kapab
kote tout lektè lèt fen kontre tèt yo pou make pa
san sa chalatan fèk kare lage jenès la nan soufri
ou-menm entelektyèl sa ki koz peyi a nan eta sa
lannwit po ko menm fin detire kò l se ka sou ka
epi w fache lè m kesyonnen sa prezans ou vo la
revèy konsyans mande bèl kout tanbou gwo ka
demen pa fouti pi mal si je n la vre pou nou wè
Ayiti p ap peri nanm li yo sou wout pou cheri l

Jagagongon

Nangan sougourigi ougou gengen lagavigi
kigi paga janmganm regetge kanganpege
sogolèygèy pagarege pogou kougouchege
janmganm ougou lougouvrigi pougou mgi

Pagawolgòl kagabanngann sege fòsgòs
gagadege ougou agategerigi bèygèy sòsgòs
tigirege ougou kongon filgil laygaylonngonn
rèsgèspigiragasyongyon se koutgout sonngonn

Rèvgèv ougou nan plagla mengen mwengen
kègè ougou se chigimengen rèvgèv mwengwen
kougourajgaj nougou sege zèlgèl pagapigiyongon
degemengen nougou gengen fòsgòs agasongon

Ferven niviv wòyèv

Pen yo anplilen pan kavey twaren
niviv ran nanye ran amye ran felen
re yo rèm bi bonp lirè yàn nare
zouv ma monj twa yo dèk kwa yo bare

Mè re na boune vèv re nanp
mè re na bafegab re ranp
mè re na vise re bouv dwèv
mè se na fenòve re djanlèv

Wòv lanfe yo rirnanp drive
awa fware mabay na jen veve
anka dim gofi nilne voupen felen
moko an vanp yo pan jilen genpen

Djatize

Bè l djatize djab dwa l nwan jafe zou
Pan don panp lwen l na swè fidesanr
Ou-lenl re manlou bi jif ratizon zou
Nou nasan zou bore zar jenyen ennòvanr

Gou anre gou dlanp manlou an tle milen
Lote tan mabay tle dè'm dè lyoublyoub
Nazòm jiyon lafidjon tle dè l same kab
Len kamèp pan don bè l na anti venyen

Folag ou navi ran pou na ganl dè ranr
Danli zou vonke seme femitranr ab ariranr
Mesnri l fi l re gir yon nwomonjaryon
Akiv ma nye noun ye an ruit djab abryon

Babay

Minit segonn ap konte pou n di lane a babay
pase pou jete paske w gen twòp pwofite bay
ane ale ane vini konsyans nou toujou sou ray
Granmèt la ap gade frè n nou mete anba pay

Almanak chanje rechanje nou tout sou chans
sa ki devan n yo ap pedale sou wout renesans
chak aksyon nou poze pa ka jwèt mannigans
bon pwochen w ede se prèv ou gen konsyans

Demen nou chak se tankou yon kap k ap file
move van brid sou kou ka sispann li paweze
jou n wè kit an byen kit an mal se li ki konte
pwojè pou demen dòmi sou kont Sen reveye

Lendepandans

Fyète n chita nan batay ki bay lendepandans
domaj pou anpil zile jounen dans sa a pa fèt
zòt anvayi yo ak tèt entandan ki bade ak pou
yon minorite zuit pale nan non tout yon pèp
lendepandans se gato ki sou tab pèp vanyan

Depandans p ap janm fè w wè jounen ki swa
pitye charite se danje pou anfonse brenn nou
je dirijan n yo plonje nan yon bouyon san viv
lajistis nan toubiyon lalwa tonbe nan jwèt lib

Jenn k ap koze ak libète bouke met ba ki swa
lendepandans pa te yon kado pou zanzèt nou
kòmanse batay fè koupe fè a si n pa pè mouri

Nwèl

Nwèl se fèt kote kè n benyen nan lanmou lapè
Senyè a te vini pou divòse tout pitit li yo ak pè
medite sou prezans Senyè a ak bèl vè si w kwè
pa kite rankin inonde kè w pou pa ret dèyè

Jezi nan syèl la brake je l sou ajisman nou tout
pa kite byen latè mete w sou okenn move wout
jou regleman an sonnen dènye pouvwa ap bout
pa kwè li ta pou kase tèt anvan chimen an kout

Nou-menm kretyen ki malad sou kabann lopital
mwen vin di w pwochen nwèl la pa fouti pi mal
ou-menm ki nan fè lago ak dòmi poutèt bwi bal
klòch la pa lwen sonnen pou n sispann dòmi sal

Nou-menm k ap jemi anba tout kalte vye prejije
Jezi voye m di n lè a ap mache pou nou tout jije
ou-menm politisyen do kale bouke plede sakaje
travay pou sitiyasyon frè ak sè w yo rive chanje

Jezi pa te bay lavi l pou san l te apante soufrans
misyon n se yonn ede lòt pou lavi a ka gen sans
kè w pa ka bèl lè l benyen nan telegide vyolans
Jezila ak ti Mari merite nou ba yo enpòtans

Zorye delivrans

Jezi ki jan pou m ta oze bliye w
nan malè ou toujou la bò kote m
jou an jou mwen renmèt ou kè m
anyen pa fouti fè m vire do ba w

Lennmi m yo ta byen anvi atake
lè yon konn bò ki kote m kanpe
yo kase tèt tounen byen enkyete
bouch yo deklare sèvitè w se kle

Ala yon Jezi ki pa gen tankou li
ba li glwa san w pa blije reflechi
adore l san rete antan w ap souri
fè travay li pou pa viv nan manti

Chak swa tou fatige m ale kouche
m renmèt ou lavi m plen ak peche
pou ki pou m ta pè si m pa reveye
se nan kay ou tèt dwat mwen prale

Jacques Pierre

Jacques Pierre fèt nan vil Okap, e li grandi nan vil sa a tou. Depi 2010, Jacques ak fanmi li ap viv nan North Carolina kote li anseye kreyòl ak kilti ayisyen nan Duke University. Nan lane 2013, Jacques, nan tèt ansanm ak University of North Carolina (Chapel Hill), University of Virginia, ak Vanderbilt University, ofri kou sa a gras ak telekonferans pou etidyan nan lekòl nou sot site yo la. Anvan sa, Jacques te anseye nan Florida International University, ak Creole Institute nan Indiana University.

Pierre, nan travay li, toujou ap mande pou yo bay lang kreyòl la plas li nan sosyete a pou pèmèt tout moun jwenn enfòmasyon nan lang lan. Pierre ekri anpil atik nan diferan kalite jounal sou sa. Nan diferan atik sa yo, nou ka site *French/Creole Divide* (*Miami Herald*), *Creole, a Key to the Haitian Literacy* (*The Herald Sun*), epi *Help for Haiti Must Include Embracing Creole* (*The News&Observer*)

Pierre ekri diferan atik an franse ak kreyòl tou pou li mande dirijan lakay li yo pou ba kreyòl la plas li, e li denonse inegalite ak lenjistis k ap minen sosyete a tou. Pami atik li yo nou ka site: Kreyòl pale, Kreyòl ekri (Le Nouvelliste), Lafrans ak Ayiti: Pwoblèm memwa marande ak edikasyon kolonyal (Poto Mitan), epi Haiti: une société aux inégalités monstrueuses (France-Antilles Guadeloupe).

Pou fini, Pierre, ansanm ak konkou etidyan li yo, kreye yon jwèt ki rele Memonèt (Riddles) kote jwèt sa kapab ede anpil moun k ap etidye kreyòl dekouvri diferan aspè nan lang lan ansanm ak kilti Ayiti tou. Nan mwa me 2016 la, jounal ofisyèl Depatman Edikasyon nan peyi Etazini te fè yon rale sou enpòtans jwèt sa kòm bon jan zouti pedagojik pou ede moun ki vle pwofonde lang kreyòl la plis toujou.

CPSIA information can be obtained
at www.ICGtesting.com
Printed in the USA
LVHW021406300821
696465LV00005B/306